Société Nationale d'Encouragement au Bien

HONORÉ ARNOUL

SECRÉTAIRE GÉNÉRAL

NOTICE BIOGRAPHIQUE

Par M. Henri GIRAUD

PRÉSIDENT HONORAIRE DU TRIBUNAL CIVIL DE NIORT
DÉPUTÉ DES DEUX-SÈVRES
PRÉSIDENT DE LA SOCIÉTÉ NATIONALE D'ENCOURAGEMENT AU BIEN
CHEVALIER DE LA LÉGION D'HONNEUR

PARIS

IMPRIMERIE DUVAL, 26, RUE D'ARCET

—

1879

Société Nationale d'Encouragement au Bien

HONORÉ ARNOUL

SECRÉTAIRE GÉNÉRAL

NOTICE BIOGRAPHIQUE

Par M. Henri GIRAUD

PRÉSIDENT HONORAIRE DU TRIBUNAL CIVIL DE NIORT
DÉPUTÉ DES DEUX—SÈVRES
PRÉSIDENT DE LA SOCIÉTÉ NATIONALE D'ENCOURAGEMENT AU BIEN
CHEVALIER DE LA LÉGION D'HONNEUR

PARIS

IMPRIMERIE DUVAL, 26, RUE D'ARCET

1879

HONORÉ ARNOUL

Secrétaire général

NOTICE BIOGRAPHIQUE

M. Honoré Arnoul, secrétaire général de la Société Nationale d'Encouragement au Bien, a été nommé, sur la présentation de M. le Grand-Chancelier, chevalier de la Légion d'honneur, par décret de M. le Président de la République, en date du 23 juillet 1879.

Au moment où nous allons fêter dans un banquet cet heureux évènement, impatiemment attendu, et faire hommage à notre dévoué secrétaire général d'une croix ornée de diamants, nous, ses collègues et ses amis, nous avons voulu publier en même temps, dans cette notice biographique, quelques-uns des travaux et des actes d'Honoré Arnoul, pour montrer à ceux qui ne le connaissent pas combien il a mérité la haute distinction qui vient de lui être conférée.

**

Quand on considère les applications qu'il a faites, pendant un demi-siècle, de sa haute intelligence, secondée par les plus nobles inspirations du cœur, pour le bien du pays et le bonheur de ses semblables, la vie d'Honoré Arnoul nous apparaît sous trois aspects différents : après ses services administratifs, viennent ses travaux littéraires, puis ensuite les œuvres humanitaires qu'il a fondées.

**

C'est à l'âge de dix-huit ans, après de brillantes études faites à Limoges, sa ville natale, qu'Honoré Arnoul est entré dans l'administration et, pendant neuf années, il a joui de la confiance sympathique de MM. les préfets, auprès desquels il a rempli les fonctions de secrétaire. Il était, en même temps, secrétaire en chef de la maison hospitalière de Bon-Secours, secrétaire

du comité départemental de l'instruction primaire, et professeur d'économie générale à l'école
normale.

**

Honoré Arnoul pouvait légitimement préten-
dre à de plus hauts emplois dans les services
publics, et les gouvernements qui se sont suc-
cédés lui ont fait à cet égard des offres brillantes
qu'il a constamment refusé d'accepter. C'était,
dès 1840, une sous-préfecture proposée par le
Maréchal Soult, président du conseil, et plus
tard, les fonctions de préfet, qu'il n'a pas voulu
non plus accepter, ni de M. de Lamartine, qu'il
connaissait particulièrement, en 1848, ni du Président de la République, en 1851.

**

Ayant, en 1838, quitté son pays natal, où il
avait eu le malheur de perdre sa femme, après
six mois de mariage, il s'était créé, à Paris, avec
sa plume, une position indépendante qu'il n'a
voulu échanger ni contre les hautes fonctions
administratives qui lui ont été successivement
proposées, ni même contre le mandat de député
qui lui a été offert, en 1849, par sept colléges
électoraux.

Modeste et désintéressé, cordialement dévoué aux intérêts populaires, Honoré Arnoul n'a voulu accepter que des fonctions gratuites : celles de conservateur de la bibliothèque de son arrondissement, celles de membre de la commission de statistique, qu'il a remplies avec un zèle et une distinction qui lui ont valu les éloges du Ministre de l'intérieur, qui les lui avait confiées, et celles d'inspecteur du travail des enfants dans les ateliers et manufactures.

C'est dans l'accomplissement de ces dernières fonctions qu'Honoré Arnoul a révélé, surtout, les véritables tendances de son esprit et de son cœur, qui devaient plus tard se montrer d'une manière plus éclatante dans la fondation des œuvres dont nous aurons à parler bientôt.

Non content de surveiller avec un soin scrupuleux les travaux des enfants dont l'inspection lui était confiée, et de sauvegarder ainsi leur santé, il a voulu préparer aussi leur avenir au point de vue intellectuel et moral, et il a fondé notamment, pour les ateliers du Marais, des écoles où les apprentis ont pu, pendant vingt-trois ans, recevoir sans déplacement une bonne instruction primaire.

Il établissait en même temps, dans les ateliers, des bibliothèques pour les ouvriers, des conférences et des réunions publiques, dans lesquelles il distribuait, à ses frais, des récompenses aux plus méritants des patrons, des ouvriers et des apprentis.

**

Toujours préoccupé de l'amélioration du sort de ces pauvres enfants dont il avait pu apprécier les besoins et les souffrances, il a organisé, en 1854, la Société de patronage des apprentis et orphelins du huitième arrondissement, qu'il plaça sous la présidence de M. de Monmerqué, de l'Institut; plus tard, il s'est fait un des promoteurs de la Société de protection des apprentis, dont il a élaboré les statuts avec l'ancien ministre, M. Dumas, et le savant chimiste Bareswil. Son active et féconde participation à l'administration de cette importante Société, qui lui a valu les plus chaleureux éloges, le jour de la distribution solennelle des récompenses, aurait dû lui faire obtenir, dès ce temps-là, la croix de la Légion d'honneur, que la Société tout entière avait sollicitée pour lui. Mais, il devait mériter encore davantage, et longtemps, avant de l'obtenir, cette haute distinction, et nous allons le suivre

dans les autres phases de son existence, jusqu'au jour où le gouvernement a donné enfin une
légitime satisfaction aux vœux de ses amis et
au sentiment de la reconnaissance publique.

**

La carrière littéraire d'Honoré Arnoul a été
remplie d'une façon brillante et utile, utile surtout aux populations laborieuses, qui ont été
l'objet de ses préoccupations constantes et de ses
meilleures inspirations. Tout en nous réservant
de donner, à la suite de cette Notice, la nomen-
clature des nombreux journaux auxquels il a
collaboré, comme fondateur, rédacteur, secrétaire de la rédaction ou rédacteur en chef, ainsi
que la liste des livres et des brochures qu'il a
publiés, nous devons arrêter un instant notre pensée sur les débuts littéraires d'Honoré Arnoul.

**

C'était dans son pays natal, dont il a étudié le
passé, dans le *Limousin historique*, dont il a été
un des deux fondateurs et qui lui a valu les féli-
citations du Ministre de l'instruction publique
« pour les services rendus à la constitution des

Documents relatifs à l'histoire du Tiers-Etat. » (*Moniteur* du 14 mai 1838). Il écrivait en même temps dans les *Annales de la Haute-Vienne*, et dans la *Revue de Limoges* qu'il avait fondée.

C'est après ces premiers succès qu'il est venu occuper à Paris, dans le journal *La Presse*, pendant trois ans (1838-1839-1840), une position importante comme rédacteur et secrétaire de la rédaction. Il a ensuite travaillé successivement au *Globe*, au *Journal de Paris*, au *Moniteur parisien*; il a fondé le *Mercure*, le *Bon-Génie*, l'*Echo du Peuple*, la *Famille*, la *Revue encyclopédique*, le *Trait-d'Union*, etc.; et, tout en se consacrant ainsi à ce travail de chaque jour, de chaque heure que la presse impose aux valeureux champions qui lui consacrent leur plume, Honoré Arnoul trouvait encore, dans l'inépuisable fécondité de son esprit, dans son infatigable activité, les ressources et le temps nécessaires pour écrire une foule de livres et de brochures publiés successivement, avec un grand succès, et qui contiennent, sous une forme attrayante, les meilleurs enseignements de morale et d'histoire. Il se plaisait surtout à écrire pour la jeunesse, à laquelle il a spécialement dédié, en 1844, son excellent livre : *Monsieur Marcel*, qui a été tiré chaque fois à cent mille exemplaires et en est à sa 48ᵉ édition !

Ce n'est pas seulement par le livre, par la brochure, par les publications périodiques qu'Honoré Arnoul s'est adressé à la jeunesse pour l'instruire, la moraliser et la diriger dans les voies difficiles et souvent périlleuses de l'existence. A Limoges, tout jeune encore lui-même, il a, pendant plus de dix ans, tous les soirs, de sept à dix heures, fait gratuitement des cours d'adultes aux jeunes ouvriers de cette ville industrielle, comme, plus tard, il devait faire des cours et des conférences gratuites à trois ou quatre cents ouvriers, à la mairie du dix-septième arrondissement de Paris et aux ouvriers de la maison Leclaire, rue Cardinet.

C'est à Paris aussi qu'il a fondé l'*Académie de la Jeunesse*, placée sous la présidence de la Reine Marie-Amélie, et chaque année, jusqu'en 1848, il a distribué, à ses frais, des récompenses aux élèves qui les avaient obtenues, dans les concours établis par lui entre les écoles primaires.

Mais cette fondation de l'Académie de la jeunesse nous fait entrer dans la troisième phase de l'existence d'Honoré Arnoul, et nous allons le voir maintenant multipliant autour de lui, créant et faisant prospérer toutes les œuvres qui, suivant une expression que j'ai employée en m'adressant à lui, dans une circonstance solennelle, sont sorties de son cerveau et de son cœur « tout armées » non pour la guerre, comme la déesse de la Fable, mais pour le bonheur de l'humanité.

**

C'est à la suite des malheurs publics que nous le voyons surtout faire appel aux âmes généreuses et se dévouer lui-même pour secourir les enfants de ceux qui sont morts victimes du fléau. Il a fondé en 1849 la Société paternelle des Orphelins du choléra, recueilli et fait élever ces pauvres enfants qu'il a placés dans divers établissements pour leur assurer un avenir. De même, il a fondé en 1870 un orphelinat pour recueillir les enfants de ceux qui devaient mourir pendant la guerre; et, grâce au concours des plus honorables citoyens, il a pu nourrir et élever un grand nombre d'orphelins.

**

Honoré Arnoul a fondé encore un autre orphelinat, dans la Société de secours mutuels de

Vaugirard, l'Union des Familles, dont il est le président d'honneur, et il y a fondé aussi une importante bibliothèque. Il s'est livré, d'ailleurs, à une active propagande, en faisant des conférences dans le Midi de la France, dans l'Oise, dans la Meurthe, la Seine, Seine-et-Oise, Seine-et-Marne, pour favoriser la fondation des bibliothèques populaires et des sociétés de secours mutuels.

*
**

Président d'honneur de onze sociétés de secours mutuels, il a reçu d'elles, en 1872, dans une séance solennelle, au Cirque-d'Hiver, une couronne civique offerte en leur nom par une députation conduite par M. Turquet, aujourd'hui sous-secrétaire d'Etat au ministère de l'Instruction publique et des beaux-arts, qui lui adressa de touchantes et chaleureuses paroles.

*
**

Honoré Arnoul est vice-président de la Société de patronage des condamnés libérés dont le siége est au Ministère de l'intérieur. Il fait partie de la Société internationale pour l'amélioration du sort des aveugles et des sourds-muets, et il a

été nommé vice-président du Congrès organisé
par cette Société. La plupart des Sociétés phi-
lanthropiques de Paris et des départements se
sont fait un honneur d'obtenir sa collaboration
ou son patronage.

*
* *

Ni ces travaux administratifs et littéraires si
dignement accomplis, ni cette active participation à toutes ces œuvres utiles n'avaient pu
suffire pour satisfaire son ardeur au travail et
son dévouement à l'humanité; Honoré Arnoul
a voulu faire davantage encore : il a fondé, il a
dirigé, il a fait prospérer de la manière la plus
heureuse, quatre autres grandes associations,
dont nous allons parler, et dont l'une surtout
aurait suffi pour lui mériter, avec la reconnaissance publique, qui lui est acquise depuis longtemps, la haute récompense officielle qui vient
de lui être décernée.

Il a fondé, en 1862, la Société Nationale d'Encouragement au Bien.

Nommé secrétaire général de cette Société, qui
a acquis aujourd'hui une importance qu'il n'avait
pas osé espérer à son origine, Honoré Arnoul a
constamment refusé d'échanger ce titre contre
celui de président, dont j'ai l'honneur d'être re-
vêtu, et qu'il était si digne de porter.

« A d'autres l'honneur, a-t-il dit, à moi la peine. » Mais la peine qu'il a prise en consacrant ses jours et ses veilles, son intelligence et son cœur à l'administration de la Société d'Encouragement au Bien, est pour lui le plus grand honneur, et la fondation, le développement, le succès immense de cette grande œuvre, qui lui sont absolument personnels, sera la gloire de sa vie.

*
* *

La Société d'Encouragement au Bien se définit par un seul mot, et ce mot est le nom d'un bon citoyen, d'un grand philanthrope, à côté duquel l'histoire placera un jour celui d'Honoré Arnoul. M. de Montyon, qui avait un noble cœur et une grande fortune, a fondé des prix en argent pour récompenser ceux qui font le bien. Honoré Arnoul, qui était sans fortune, n'a pu donner que les trésors de son cœur pour fonder son œuvre qui a le même but : encourager au bien en récompensant avec éclat ceux qui se sont dévoués avec le plus de constance et d'ardeur au soulagement de leurs semblables, ceux qui ont le mieux accompli les devoirs, souvent difficiles, de l'existence humaine.

***

Les récompenses de la Société d'Encouragement au Bien, sont de celles qui honorent un
citoyen, sans l'enrichir, et que tout homme de
cœur peut accepter, dans quelque position qu'il
soit : une couronne civique, un diplôme, une
médaille, voilà tout ; mais c'est beaucoup, c'est
tout un glorieux héritage d'honneur qu'on trans-
met avec un légitime orgueil à ses enfants.

***

Depuis dix-huit ans qu'elle est fondée, la Société Nationale d'Encouragement au Bien a fait
participer à ses récompenses près de six mille
lauréats, dispersés dans toutes les parties du
monde, et qui viennent les recevoir dans une
grande et magnifique assemblée, au milieu des
applaudissements enthousiastes provoqués par
les touchantes notices écrites par Honoré Arnoul
pour chacun des lauréats de la Société. Il faut le
voir, il faut l'entendre, pour bien apprécier son
œuvre, dans une de ces réunions annuelles, au
Cirque-d'Hiver, en présence de cinq à six mille
spectateurs, tous transportés d'admiration en

écoutant, de sa bouche éloquente, le touchant récit des actes de dévouement, de piété filiale, de charité, de vertu, de patriotisme, qu'il a pu découvrir et qu'il a fait récompenser. Ce sont de belles et bonnes journées, qui nous rendent tous bien heureux, nous qui l'avons suivi et secondé dans sa grande entreprise, mais qui l'émeuvent plus profondément encore, en lui apportant la suprême récompense qu'il avait seule ambitionnée, le bonheur d'être utile à l'humanité, en encourageant les hommes à faire le bien.

*
* *

Le succès éclatant qu'il avait obtenu dans la fondation de cette admirable institution, lui a suggéré la pensée de placer autour d'elle, comme des satellites, trois autres associations formant tout un groupe d'œuvres humanitaires.

« Société libre d'Instruction et d'Education populaires » dont il a bien voulu cette fois accepter la présidence, qu'il exerce depuis dix ans avec un inépuisable dévouement;

« La Société charitable du Sou du Bon Dieu, » dont il est le président, et qu'il dirige avec une paternelle sollicitude pour les orphelins qu'il recueille, qu'il fait élever dans une maison spéciale, et qu'il prépare pour les rudes travaux de leur existence.

« L'Union centrale des Sauveteurs, » qu'Honoré Arnoul préside aussi, et qui distribue, chaque année, des récompenses à ceux qui ont exposé leur vie pour sauver celle de leurs semblables, ainsi qu'il l'avait fait lui-même dans un incendie à la Chapelle-Saint-Denis, et plus tard, sur la place Clichy, quand il a sauvé, en recevant une grave blessure, un enfant qui allait être écrasé par une voiture, ce qui lui a valu une médaille d'honneur du Gouvernement, médaille qu'il a acceptée mais n'a jamais voulu porter.

* *
*

Pénétrés d'un profond sentiment de reconnaissance et d'admiration pour l'homme de bien qui avait ainsi fondé ces œuvres, auxquelles ils s'étaient associés avec empressement, les collègues d'Honoré Arnoul ont voulu lui faire hommage de l'instrument de son travail accoutumé, et, au milieu de la grande séance de 1878, j'ai eu l'insigne honneur de lui offrir, au nom de nous tous, avec une couronne civique, et le recueil, richement relié, des discours qu'il a prononcés parmi nous, depuis dix-sept ans, une plume en or, ornée de diamants.

* *

Quand ils ont eu le bonheur d'apprendre la nomination d'Honoré Arnoul en qualité de chevalier de la Légion d'honneur, ses collègues et ses amis se sont réunis de nouveau, spontanément, pour lui offrir une croix en diamants.

* * *

Un grand nombre d'insignes, plusieurs croix de chevalier, d'officier et de commandeur d'ordres étrangers brillaient déjà sur la poitrine d'Honoré Arnoul, à côté des palmes d'officier d'Académie et d'officier de l'Instruction publique. Mais, une place restait vide, et souvent nous avions regretté de voir que la France se fût laissé devancer par les autres Nations pour donner une consécration officielle à la reconnaissance publique envers l'un de ses plus honorables et de ses plus utiles citoyens.

* *

Ceux qui liront cette simple notice, que la multiplicité de ses travaux et de ses œuvres n'a pas permis d'abréger davantage, comprendront la

joie que nous avons éprouvée en apprenant que
ce vide était enfin rempli, et ils applaudiront de
de tout cœur, avec nous, au décret de M. le Président de la République, qui a nommé Honoré
Arnoul chevalier de la Légion d'honneur.

Paris, 22 novembre 1879.

*Le Président de la Société Nationale
d'Encouragement au Bien,*

Henri GIRAUD.

HONORÉ ARNOUL

SES OUVRAGES

JOURNAUX

1. — Rédacteur des *Annales de la Haute-Vienne*.
2. — Fondateur et rédacteur en chef de la *Revue du Limousin*.
3. — Fondateur du journal l'*Annonciateur*.
4. — Rédacteur à *la Presse*, secrétaire de la rédaction.
5. — Collaborateur au *Journal de Paris*
6. — Collaborateur au *Globe*.
7. — Rédacteur au *Moniteur parisien*.
8. — Fondateur et rédacteur en chef du *Mercure*.
9. — Rédacteur du *Bon-Génie*, Journal de la Jeunesse.
10. — Rédacteur en chef du *Trait-d'Union*.
11. — Rédacteur en chef de l'*Echo du Peuple*.
12. — Rédacteur en chef du journal *La Famille*.
13. — Rédacteur en chef de la *Revue biographique*.

14. — Collaborateur du *Vert-Vert*.

15. — Correspondant du *Journal de San-Francisco*, et de plusieurs journaux de province : Limoges, Tulle, Nancy, Ussel, Lille, Clermont.

LIVRES

1. — *Limousin historique*, 2 volumes.

2. — *Statistique*, 3 volumes.

3. — *Monsieur Marcel* ou l'*Ami de la Jeunesse*, 1 volume. — Cet ouvrage en est à sa 48ᵉ édition.

4. — *Le Petit-Vieux*, almanach, 3 volumes.

5. — *Lettres sur l'Economie politique*, 3 brochures.

6. — *Bibliothèque de la Conversation*, 2 volumes.

7. — *Histoire de la guerre de Crimée*, 3 volumes.

8. — *Moyen d'être heureux*, un petit volume.

9. — *La Lorgnette enchantée*, une brochure.

10. — *Brins d'Herbe*, poésies, un petit volume.

11. — *Lettres sur la Religion*, une brochure.

12. — *Siéges mémorables des Français*, un volume.

13. — *Au Peuple, Paroles de vérité*, une brochure.

14. — *La Vérité sur la Russie*, 2 brochures.

15. — *A Venise !* un volume in-8°.

16. — *Notice sur les Tombeaux gallo-romains*, une brochure.

17. — *Conseils à la Jeunesse*, un volume.

18. — *Entretiens du Père Pascal*, almanachs, 4 volumes.

19. — *Nécessité de régénérer la France par l'instruction et l'éducation*, une brochure.

20. — *La Revanche de la France*, une brochure.

21. — *Dictionnaire de la Langue française*, avec *Abrégé de Grammaire*, un gros volume.

22. — *De l'Influence des Récompenses honorifiques sur les mœurs*, une brochure.

23. — *Amour, Travail et Liberté*, une brochure.

24. — *Petites Histoires populaires :*
        De France ;
        De Belgique ;
        Des Pays-Bas ;
        De Portugal ;
        D'Espagne ;
        D'Italie.

25. — *Don Sébastien de Portugal*, un volume in-8°.

26. — *Discours*, 3 volumes.

———

Indépendamment de ces ouvrages, nous savons qu'il a sous presse, en ce moment, un roman historique, le *Curé de Panazol*, le *Dictionnaire de l'Humanité* et la *Nouvelle Morale en action*.